呑めるお菓子

荻田尚子

焼き菓子から冷菓まで、お酒によく合う大人のつまみ

お酒を誘う、つまみになる「呑めるお菓子」

お酒も甘いものも大好きな私。お酒に合うお菓子って？
と考えて生まれたのが、この「呑めるお菓子」です。
甘さをおさえて、とことん大人味にする。
塩けやスパイスをアクセントにする。
バターやクリームの濃厚さを味わう。
ときにはお菓子自体にお酒をたっぷり効かせて……。
ちょっぴり大人の、お酒に寄り添うお菓子です。

呑みながらちょこちょこつまみたいから、
ちいさめに作ったり、薄く切ることも意外と重要なポイント。
完璧に、きれいに作ろうとすると肩が凝ってしまうので、
おおざっぱなくらいがちょうどいい。
大きく焼いて手でざっくり割ったり、
自分で好きなだけすくって食べるようなものも、
呑みながら楽しむお菓子に向いていると思います。

たとえば、アペロのおともに、
塩味のクッキーやチーズのパイがあるとうれしい。
カラメルをぎりぎりまで焦がしたほろ苦いプリンにはブランデーがよく合うし、
唐辛子を忍ばせたチョコレートは意外にも日本酒と好相性。
チーズテリーヌには、やっぱりワインかな。
そんなふうにペアリングを考えるのも、「呑めるお菓子」の醍醐味です。

ひとりでしっぽり楽しむもよし、
お酒好きなあの人へのプレゼントにもよし。
みんなが集まるホームパーティや持ち寄りの場では、
きっと「わあっ！」と歓声があがること間違いなし。
事前に作っておけるものも多いので、ぜひ試してみてください。

締めのつもりが、ついついもう１杯……。
「呑めるお菓子」の魅力に、あなたもはまってみてください。

荻田尚子

はじめに —— 2

1 呑みながらつまみたいお菓子

チーズで呑む

濃厚チーズテリーヌ —— 8

ゴルゴンゾーラといちじくのチーズケーキ —— 10

自分で作るちいさなレアチーズケーキ —— 12

さくさくチーズパイ4種 —— 14
パルミジャーノ＆黒こしょう／グリュイエール＆ガーリック／
エダム＆チリパウダー／チェダー＆カレー粉

グジェール —— 16

チョコレート・キャラメルで呑む

とろけるチョコレートテリーヌ —— 20

チョコレートサラミ —— 22

甘さをおさえたチョコレートロールケーキ —— 24

ピリッと辛い生チョコレート —— 26

できるだけ薄く焼くココアアーモンドクッキー —— 28/30

パリパリ薄焼きキャラメルチュイル —— 28/31

カラメルをぎりぎりまで焦がしたビターなプリン —— 32

塩キャラメルのパウンドケーキ —— 34

ナッツのキャラメリゼ チョコレートコーティング —— 36

フルーツで呑む

大人のフルーツサンド —— 38

ヨーグルトクリームのちいさなフルーツタルト —— 40

パリッと薄く焼くアップルパイ —— 42

がっつりレモンのケークシトロン —— 44

洋酒香るフルーツグラタン —— 46

ハーブ・スパイスで呑む

塩とスパイスのクッキー ——— 48/50
　　プレーン／山椒＆アーモンド／バジル＆ピンクペッパー／七味＆ごま

ドライトマトとオレガノのクラッカー ——— 52

スパイシーキャロットケーキ ——— 54

カルダモン香るムース ——— 56

ベーコン＆チリチーズのポップコーン ——— 57

バター・クリームで呑む

ラム酒香るレーズンバター ——— 58
　　好みのラム酒で漬けるラムレーズン

焦がしバターのフィナンシェ ——— 60

呑めるクリーム3種 ——— 62
　　バタークリーム／モンブランクリーム／ティラミスクリーム

2　お酒を効かせたほろ酔いお菓子

カクテル気分で楽しむゼリー ——— 66
　　モヒートゼリー／チャイナムーンゼリー

ミニトマトの白ワインゼリー ——— 68

ラム酒を好きなだけかけて食べるコーヒーゼリー ——— 69

黒ビールとチョコレートのケーキ ——— 70

ブランデーケーキ ——— 72

2つのクリームで味わうババ ——— 74

大人のフルーツポンチ ——— 76

3 締めにうれしいフローズンスイーツ

スパイスティーとドライフルーツのグラニテ ——— 78/80

黒こしょうバニラアイスクリーム ——— 79/81

半解凍で食べるクレマ・カタラーナ ——— 82

キャラメルナッツのセミフレッド ——— 82

お酒にひたして食べるフローズンフルーツバー ——— 84

Column

チーズに合わせたい甘いもの ——— 18
　　ベリーのはちみつ漬け／チャツネ／ナッツのはちみつ漬け

バターさえあれば ——— 64
　　干し柿バター

この本で使った型／オーブンシートの敷き方 ——— 86

本書の決まりごと

・小さじ1＝5㎖、大さじ1＝15㎖、1カップ＝200㎖です。

・電子レンジは600Wのものを、オーブンは電気オーブンを使用しました。加熱時間は目安です。使用年数や機種により多少の違いがありますので、様子を見ながら加減してください。

・特に記載のない場合、卵はMサイズ（50～55g）のものを、ナッツ類はロースト・食塩不使用のものを使用しました。

・生クリームは動物性のものを使用しました。特に記載のない場合、乳脂肪分は好みのものでかまいません（35～47％程度）。

・バターやチョコレートを溶かしたり、生地を温めるときの「湯せん」は、鍋に湯を沸かして火を止めたところに、材料を入れたボウルを重ねておこなっています。

・「打ち粉」には強力粉を使用しました。なければ薄力粉で代用してもかまいません。

・本書で使用した型については、p.86でご紹介しています。

1

呑みながら
つまみたいお菓子

ときにはグッと濃厚に、ときには甘さを極力おさえて。
あえて塩けや苦みを効かせたり、
ハーブやスパイスの香りをまとわせたり……。
コーヒーや紅茶よりも、ついお酒がほしくなる
おつまみになるお菓子です。

チーズで呑む

濃厚チーズテリーヌ

低温でじっくり湯せん焼きにするから、しっとり、なめらか。
とろけるようなテクスチャーのテリーヌは、まさに"呑めるお菓子"の代表格。
軽めの赤ワインや、少し甘さのあるロゼワインと合わせたい一品です。

材料

16×7×高さ6cmのパウンド型1台分

クリームチーズ ⋯⋯ 200g
卵黄 ⋯⋯ 2個
グラニュー糖 ⋯⋯ 60g
コーンスターチ ⋯⋯ 10g
牛乳 ⋯⋯ 1カップ

下準備

・型にオーブンシートを敷く。
・クリームチーズは室温においてやわらかくする。
・オーブンは160℃に予熱する。

作り方

1 耐熱ボウルに卵黄を入れて泡立て器でほぐし、グラニュー糖を加えて混ぜる。なじんだらコーンスターチを加えて混ぜ、牛乳を少しずつ加えながらよく混ぜる。

2 **1**をラップをかけずに電子レンジで2分加熱する。取り出して均一になるまで泡立て器で混ぜ、再び電子レンジで1分加熱し、取り出して混ぜる〈**a**〉。

3 別のボウルにクリームチーズを入れてゴムべらでやわらかくほぐす。**2**を少しずつ加えて泡立て器で混ぜ〈**b**〉、型に流し入れる〈**c**〉。

4 天板に大きめの耐熱バットを重ねて**3**をのせ、バットに熱湯を高さ2cmほど注ぐ（やけどに注意。p.21の〈**b**〉参照）。160℃のオーブンで45分ほど湯せん焼きにする。

5 取り出して型のまま冷まし、冷めたら冷蔵庫で冷やす（できればひと晩くらいおくと、味がなじんでおいしい）。食べやすく切って器に盛る。

a

b

c

ゴルゴンゾーラといちじくのチーズケーキ

ゴルゴンゾーラの塩けを効かせたチーズケーキは
ワインはもちろん、燗酒など日本酒のアテにもぴったり。
パンチがあるので薄めに焼いて、小さく切って食べるのがおすすめです。

[材料]

直径15cmの底取れ丸型1台分

[生地]
- ゴルゴンゾーラチーズ* ── 40g
- クリームチーズ ── 100g
- サワークリーム ── 50g
- グラニュー糖 ── 30g
- 溶き卵 ── 1/2個分(25g)
- 生クリーム ── 50ml
- コーンスターチ ── 大さじ1
- レモン汁 ── 小さじ1

[ボトム]
- グラハムビスケット ── 50g
- バター ── 30g
- ドライいちじく ── 30g

＊お菓子作りには、青かびが少なくクリーミーな口溶けの「ドルチェ」タイプがおすすめ。

[下準備]
- 型にオーブンシートを敷く。
- クリームチーズは室温においてやわらかくする。
- ゴルゴンゾーラといちじくはそれぞれ1cm角に切る。
- バターは湯せんにかけて溶かす。
- オーブンは160℃に予熱する。

[作り方]

1. ボトムを作る。ビスケットは厚手のポリ袋に入れてめん棒などでたたき、細かく砕く。溶かしたバターを加え混ぜ、型に入れてスプーンなどでギュッと押しつけ〈a〉、底に敷き詰める。いちじくを型のふちに沿って円になるように並べる(切ったときに等分になるように)。

2. ボウルにクリームチーズとサワークリームを入れ、ゴムべらでやわらかくほぐし、グラニュー糖を加えてすり混ぜる。なじんだら卵を加え、泡立て器でよく混ぜる。生クリームを少しずつ加えて混ぜ、コーンスターチを加えて混ぜる。レモン汁を加えて混ぜ、ゴルゴンゾーラを加えてゴムべらでさっと混ぜる〈b〉。

3. 1の型に流し入れ〈c〉、表面を平らにならし、160℃のオーブンで40分ほど焼く。取り出して型のまま冷まし、冷めたら冷蔵庫で冷やす(できればひと晩くらいおくと、味がなじんでおいしい)。

a

b

c

自分で作るちいさなレアチーズケーキ

レモンの酸味がさわやかなチーズクリームを、好きなだけすくって。
ビスケットにのせれば、アペロの最高のおともになります。
好みでナッツのキャラメリゼ(→p.36)を散らしても。

> 材料

作りやすい分量(3〜4人分)

クリームチーズ —— 100g
生クリーム —— 100ml
グラニュー糖 —— 30g
レモン汁 —— 大さじ1/2
[粉ゼラチン —— 2g
[白ワイン(または水) —— 大さじ1
カラメルビスケット(市販品) —— 15枚
ピスタチオ(刻む) —— 小さじ1

> 下準備

・クリームチーズは室温においてやわらかくする。
・耐熱容器に白ワインを入れ、粉ゼラチンをふり入れてふやかす。

> 作り方

1 ボウルに生クリームを入れ、底に氷水を当てながらとろりとするまで泡立て器で泡立てる(〈a〉。六分立て)。使うまで冷蔵庫に入れておく。

2 別のボウルにクリームチーズを入れてゴムべらでやわらかくほぐし、グラニュー糖を加えてすり混ぜる。なじんだらレモン汁を加え、泡立て器で混ぜる。

3 ふやかしたゼラチンを湯せんにかけて溶かし、2を大さじ1ほど加えて混ぜる。なじんだら2に加えて混ぜ〈b〉、1のボウルに加えて混ぜる。

4 バットに流し入れてラップをかけ、冷蔵庫でかたまるまで3〜4時間以上冷やす。

5 4を器に盛り、ピスタチオを散らす。スプーンで好きなだけすくい、ビスケットにのせていただく。

a

b

呑みながら ── つまみたいお菓子　チーズ

13

パルミジャーノ&黒こしょう

エダム&チリパウダー

グリュイエール&ガーリック

チェダー&カレー粉

さくさくチーズパイ4種

好みのチーズとスパイスをふって、焼くだけ。
冷凍パイシートで手軽に作れる、おつまみお菓子です。
さくっと軽い食感についつい手がのび、ビールもすすみます。

[材料]

作りやすい分量(パイシート1枚分)

冷凍パイシート —— 11×19cmのもの1枚

[**トッピング**（下記参照）]
　好みのチーズ* —— 30g
　好みのスパイス（パウダー）
　　—— 小さじ1/4〜
溶き卵 —— 適量

[下準備]

・トッピングのチーズはそれぞれすりおろす。
・天板にオーブンシートを敷く。

[作り方]

1　パイシートは袋の表示通りに解凍してやわらかくし、打ち粉をふった台にのせ、めん棒を転がして16×20cm大になるようにのばす。

2　表面にはけで溶き卵を塗り、トッピングのチーズとスパイスをまんべんなく散らす。上からめん棒を軽く押し当て、トッピングを生地に密着させる〈a〉。好みの大きさに切り分け〈b〉、ラップをかけて冷蔵庫で30分休ませる（この間にオーブンを200℃に予熱する）。

3　**2**を天板に並べ、200℃のオーブンで10分ほど、生地の側面も色づくまでしっかりと焼く。取り出して、網にのせて冷ます。

＊いろいろなチーズで作って食べ比べると楽しい。写真は左からグリュイエール、レッドチェダー、パルミジャーノ、エダム。

トッピングと切り方アイデア

◎ **パルミジャーノ＆黒こしょう**
パルミジャーノ・レッジャーノ30g、粗びき黒こしょう適量をふる。長辺を10等分に切る。

◎ **グリュイエール＆ガーリック**
グリュイエールチーズ30g、ガーリックパウダー小さじ1/4をふる。長辺を10等分に切り、ねじって天板にのせる（浮いてこないように両端をオーブンシートに押しつけるとよい）。

◎ **エダム＆チリパウダー**
エダムチーズ30g、チリパウダー小さじ1/4をふる。4cm角の四角形に切る。

◎ **チェダー＆カレー粉**
レッドチェダーチーズ30g、カレー粉小さじ1/4をふる。4cm角の四角形に切り、さらに対角線で切って三角形にする。

グジェール

グジェールは、生地にチーズを混ぜ込んだひと口サイズのシュー。
焼き上がりはふわっ、さくっ。チーズのコクと香りが後を引く！
ワインはもちろん、黒ビールとも相性抜群です。

呑みながらつまみたいお菓子　チーズ

材料

直径3〜4cmのもの12個分

薄力粉 …… 25g
バター（食塩不使用）…… 15g
水 …… 40ml
塩 …… ひとつまみ
こしょう …… 少々
好みのチーズ …… 合わせて40g*
卵 …… 約1個

* 写真はグリュイエールチーズ10g、パルミジャーノ・レッジャーノ10g、ピザ用チーズ20gを使用。

下準備

・バターは1cm角に切る。
・薄力粉はふるう。
・チーズはすりおろすか細かく刻む。
・卵は割りほぐし、室温にもどす。
・天板にオーブンシートを敷く。
・オーブンは200℃に予熱する。

作り方

1 鍋にバターと分量の水、塩、こしょうを入れ、中火にかける。全体が沸騰し、バターが完全に溶けたらいったん火からおろし、ふるった薄力粉を加えて粉けがなくなるまで耐熱のゴムべらで混ぜる。

2 1を再び弱めの中火にかけ、たえず混ぜながら、ひとまとまりになり、鍋底に膜が張るまで焦がさないように加熱する〈a〉。

3 2が熱いうちにボウルに移して溶き卵の1/3量を加え、ゴムべらで切るように混ぜる。卵がなじんで生地がひとまとまりになったら、残りの卵を少しずつ加えて同様に混ぜる。生地をたっぷりすくって落としたとき、三角形に垂れ下がるくらいまで卵を加え混ぜる〈b〉。作り方2の加熱具合によって、卵が余ることもあるし、1個では足りないこともある）。

4 チーズを加えて混ぜる。スプーンを2本使って生地を大さじ1くらいずつすくい、天板に間隔をあけて落とす〈c〉。

5 200℃のオーブンで15分ほど焼き、生地が完全にふくらんだら温度を180℃に下げてさらに2〜3分焼く（シューの割れ目にも焼き色がつくまでしっかり焼く。途中でオーブンを開けないこと）。

a

b

c

Column

チーズに合わせたい甘いもの

気の置けない友人と集まるとき、おいしいワインとチーズがあるとうれしい。
さらに、チーズに合うこんな甘いものがあると、会話が弾みます。
チーズはお好みで、ハード系でも、フレッシュタイプでも。
"甘"と"しょっぱ"、交互に食べれば止まらない！

ベリーのはちみつ漬け

チャツネ

ナッツのはちみつ漬け

甘酸っぱさがチーズのコクを引き立てます

ベリーのはちみつ漬け

材料

作りやすい分量

冷凍ミックスベリー —— 100g
はちみつ —— 50g

作り方

1 ベリーは凍ったままボウルに入れ、はちみつを注ぎ、ざっと混ぜて冷蔵庫で5時間〜ひと晩おく。全体がなじんだら混ぜ合わせる。

＊冷蔵で10日ほど保存可能。

いろんなフルーツを煮詰めた、複雑な味わい

チャツネ

材料

作りやすい分量

りんご —— 1/2個（正味100g）
バナナ —— 小1/2本（正味50g）
ミックスドライフルーツ（レーズン、
　アンゼリカ、ドライパイン、
　オレンジピールなど好みで）
　—— 合わせて100g
バター（食塩不使用）—— 20g
グラニュー糖 —— 30g

作り方

1 りんごは皮をむいて種と芯を除き、1cm角に切る。バナナは皮をむいて乱切りにする。

2 すべての材料を鍋に入れ、弱めの中火でじっくり炒める。半量くらいまで煮詰まったら火を止め、冷めたら冷蔵庫で保存する。

＊いちじくやオレンジ、ジャムの残りなどを加えてもよい。冷蔵で1か月ほど保存可能。

コンテなど風味のあるチーズと合わせたい

ナッツのはちみつ漬け

材料

作りやすい分量

好みのナッツ（アーモンド、くるみ、
　カシューナッツ、マカダミアナッツなど）
　—— 合わせて100g
はちみつ —— 100g

作り方

1 ナッツは150℃のオーブンで10分ほどから焼きし、冷ます。保存容器に入れてはちみつを注ぎ、ざっと混ぜて室温でひと晩以上おく。

＊冷蔵で1か月ほど保存可能。

チョコレート・キャラメルで呑む

とろけるチョコレートテリーヌ

材料は4つだけ。粉類を加えず、空気を入れないように静かに混ぜることで、まるでチョコレートを焼きかためたような、ねっとり濃厚な舌ざわりになります。お好みで、山椒やピンクペッパーをふるのもおすすめです。

材料

16×7×高さ6cmのパウンド型1台分

製菓用スイートチョコレート —— 150g
バター（食塩不使用）—— 50g
卵 —— 3個
グラニュー糖 —— 45g

下準備

・卵は室温にもどす。
・型にオーブンシートを敷く。
・オーブンは160℃に予熱する。

作り方

1. チョコレートは細かく刻み、バターとともに耐熱ボウルに入れる。湯せんにかけ、ゴムべらでゆっくり混ぜてチョコレートとバターを溶かす（そのまま湯につけて温かい状態にしておく）。

2. 別のボウルに卵を割りほぐしてグラニュー糖を加え、泡立て器で円を描くように静かに混ぜる（空気が入らないように）。

3. **1**を湯せんからはずし、**2**を4〜5回に分けて少しずつ加え、そのつど同様に静かに混ぜ〈a〉、型に流し入れる。

4. 天板に大きめの耐熱バットを重ねて**3**をのせ、バットに熱湯を高さ2cmほど注ぐ〈b〉（やけどに注意）。160℃のオーブンで30分ほど湯せん焼きにする。

5. 取り出して型のまま冷まし、粗熱がとれたら冷蔵庫で3時間以上冷やす。温めたナイフで食べやすく切って器に盛る。

a

b

チョコレートサラミ

溶かしたチョコレートに好きな具を混ぜて、棒状にかためるだけ。
ざくざく、ムギュッとした、いろいろな食感を楽しめます。
サラミのようにスライスすれば、赤ワインや熟成酒に寄り添うおつまみに。

材料	下準備

直径4cm×15cm長さのもの1本分

製菓用スイートチョコレート —— 100g
好みのナッツ（アーモンド、くるみ、カシューナッツ、
　マカダミアナッツ、ピスタチオなど）—— 40g
好みのドライフルーツ（レーズン、アプリコット、
　いちじく、オレンジなど）—— 40g
コーンフレーク（または薄めのクッキー）—— 20g
粉砂糖 —— 大さじ1

・ラップを22×30cmに3枚切り、重ねて3重にする。

呑みながら｜つまみたいお菓子　チョコレート・キャラメル

作り方

1. ナッツは150℃のオーブンで10分から焼きし、冷めたら粗く刻む。

2. ドライフルーツは粗く刻む。コーンフレークは手でつぶして細かくする（クッキーの場合はポリ袋に入れてめん棒などでたたき、細かく砕く）。

3. チョコレートは細かく刻んで耐熱ボウルに入れ、湯せんにかけて溶かす。湯せんからはずし、1、2を加えてざっと混ぜ〈a〉、ラップの上に細長く取り出す。直径4㎝×15㎝長さの棒状にまとめ〈b〉、空気が入らないようにラップで包み、両端をねじってとめる〈c〉。冷蔵庫で1時間ほど冷やしかためる。

4. ラップをはずして茶こしで粉砂糖をふり、全体にまぶす。好みの厚さに切っていただく（冷蔵庫から出したてだと、かたくて切りにくいので、室温に20～30分おくとよい）。

a

b

c

甘さをおさえたチョコレートロールケーキ

粉の入らないグルテンフリーの生地は、ムースのようにエアリーな食感。
ラム酒がふわっと香る、甘くないホイップクリームを合わせました。
甘いものが苦手な人にも喜ばれる、お酒のアテになるロールケーキです。

材料

20.5×16×深さ3cmのホーローバット1枚分

[**生地**]
　製菓用スイートチョコレート —— 40g
　卵 —— 2個
　グラニュー糖 —— 30g

[**ラムホイップ**]
　生クリーム（乳脂肪分47％）—— 70㎖
　ラム酒 —— 小さじ2

ココアパウダー —— 適量

下準備

・チョコレートは細かく刻んで耐熱ボウルに入れ、湯せんにかけて溶かす（そのまま湯につけて温かい状態にしておく）。
・バットにオーブンシートを敷く。
・オーブンは160℃に予熱する。

作り方

1　生地を作る。卵は卵黄と卵白に分ける。ボウルに卵白を入れ、グラニュー糖を3回に分けて加え、そのつどハンドミキサーの高速で泡立てて、しっかりとしたメレンゲを作る〈a〉。

2　**1**に卵黄を加えてさっと混ぜ、全体の色が変わったら溶かしたチョコレートを加えて均一になるまで混ぜる（手早く混ぜたいので、ずっとハンドミキサーでOK）。バットに流し入れ、表面を平らにならす〈b〉。

3　160℃のオーブンで10分ほど焼く。取り出してオーブンシートごと網にのせ、冷ます。

4　ラムホイップを作る。ボウルに生クリームとラム酒を入れ、底に氷水を当てながら角がピンと立つくらいまで泡立てる（九分立て）。

5　**3**の表面全体に茶こしでココアパウダーをふり、その上にオーブンシートをかぶせてひっくり返す。底面のオーブンシートをはがして縦長におき、**4**を中央にこんもりとのせ、オーブンシートごと手前からくるりと巻く〈c〉。巻き終わりはオーブンシートを引っ張りながら、定規を当ててキュッと締める〈d〉。

6　オーブンシートごとラップで包み、冷蔵庫で30分以上休ませる。食べやすく切って器に盛る。

ピリッと辛い生チョコレート

甘さの中に、あとからじわじわくるピリッとした唐辛子の刺激。
辛口の日本酒を片手に、ちびちびつまみたくなるチョコレートです。
大人のバレンタインギフトにもぴったり。

材料

15.5×12.5×深さ2.6cmのバット1枚分

製菓用スイートチョコレート …… 100g
生クリーム …… 50mℓ
一味唐辛子 …… 小さじ1/4
ココアパウダー …… 適量

下準備

・ バットにオーブンシートを敷く。

作り方

1 チョコレートは細かく刻んで耐熱ボウルに入れる。

2 小鍋に生クリームを入れて火にかけ、沸騰したら火からおろし、1にまわしかける〈a〉。

3 そのまま1分ほどおいて一味唐辛子を加え〈b〉、泡立て器でゆっくりと円を描くように100回ほど混ぜる（空気が入らないように）。バットに流し入れて表面を平らにならし、粗熱がとれたら冷蔵庫で冷やす。

4 3を好みの大きさに切り、ココアパウダーをまぶす。器に盛り、好みでさらに一味唐辛子（分量外）をふる。

a

b

呑みながら ── つまみたいお菓子

チョコレート・キャラメル

できるだけ薄く焼く
ココアアーモンドクッキー
▷ 作り方は p.30

パリパリ薄焼き
キャラメルチュイル
▷ 作り方は p.31

呑みながら ── つまみたいお菓子　チョコレート・キャラメル

29

できるだけ薄く焼く
ココアアーモンドクッキー

この薄さと軽さでぐんとつまみ感が増し、お酒を誘うクッキーに。
生地は冷凍で1か月ほど保存できるので、好きなときに食べたい分ずつ
焼けますが、たくさん焼いてもあっという間になくなってしまいます。

材料
3.5cm角のもの約80枚分

- バター（食塩不使用）…… 50g
- グラニュー糖 …… 50g
- 溶き卵 …… 1/2個分（25g）
- 牛乳 …… 小さじ2
- ┌ 薄力粉 …… 125g
- └ ココアパウダー …… 15g
- アーモンドスライス …… 50g

下準備
- バターは室温においてやわらかくする。
- 粉類は合わせてふるう。
- 天板にオーブンシートを敷く。

作り方

1. ボウルにバターを入れてゴムべらでやわらかくほぐし、グラニュー糖を加えてすり混ぜる。なじんだら泡立て器に持ち替え、白っぽくなるまですり混ぜる。

2. 卵を2～3回に分けて少しずつ加え、そのつど泡立て器でよく混ぜる。牛乳も加えて混ぜる。

3. ふるった粉類とアーモンドスライスを加え、ゴムべらで粉けがなくなるまで混ぜる〈a〉。ひとまとめにしてラップで包み、冷蔵庫で1時間以上休ませる。

4. 打ち粉をした台に3を取り出し、カードなどを2枚使って3.5cm角×22cm長さの棒状に整える〈b〉。ラップで包み、冷凍庫で1時間以上冷やしかためる。

5. オーブンを150℃に予熱する。4を取り出し、切れるかたさになるまで室温にしばらくおき、ナイフで2mmほどの薄切りにする〈c〉。

6. 天板にのせ、150℃のオーブンで15～20分、アーモンドが薄く色づくまで焼く。取り出して、天板のまま冷ます。

    ＊一度に天板にのりきらないので、数回に分けて焼く。残った生地は、ラップに包んで保存袋に入れ、冷凍で1か月ほど保存可能。

a

b

c

パリパリ薄焼き
キャラメルチュイル

レースのように薄く焼いたキャラメルのチュイルは、
クリームとバター、くるみが渾然一体となったリッチで背徳感のある味わい。
焼いている間に自然と広がるので、天板に落としたらつぶさないこと。

材料

直径5cmのもの約15枚分

くるみ —— 50g
生クリーム —— 25㎖
グラニュー糖 —— 15g
バター（食塩不使用）—— 10g
はちみつ —— 10g

下準備

・くるみは細かく刻み、ざるなどに入れてふるい、細かい皮を除く。
・天板にオーブンシートを敷く。
・オーブンは170℃に予熱する。

作り方

1. 鍋に生クリーム、グラニュー糖、バター、はちみつを入れ、ゴムべらで混ぜながら中火にかける。ぶくぶくと泡立ってきたら弱火にし、さらに混ぜながら薄く色づくまで1分ほど煮詰め〈a〉、火からおろす。

2. くるみを加えてざっと混ぜ、スプーンで小さじ1くらいずつすくって天板に間隔をあけて落とす〈b〉。
   ＊ 26×38cmの天板1枚に7～8個が目安。天板が1枚の場合は2回に分けて焼く。

3. 170℃のオーブンで8～9分、全体がキャラメル色になるまで焼く。取り出して、天板のまま冷ます。
   ＊ 湿気を吸いやすいので、完全に冷めたら密閉容器に入れて保存する。

a

b

カラメルをぎりぎりまで焦がしたビターなプリン

ぎりぎりまで攻めた、ほろ苦いカラメルが大人の味わい。
クリームチーズ入りの、しっとりなめらかな生地を引き立てます。
無糖のラムホイップ（→p.25）を添えるのもおすすめ。

材料

容量110mlのプリン型4個分

[生地]
卵 —— 2個
グラニュー糖 —— 40g
牛乳 —— 1カップ
クリームチーズ —— 30g

[カラメル]
グラニュー糖 —— 30g
水 —— 小さじ2＋大さじ1

下準備

・クリームチーズは室温においてやわらかくする。

作り方

1 カラメルを作る。小鍋に水小さじ2とグラニュー糖を入れて中火にかける。薄い茶色になるまでさわらずに加熱し、色づいてきたら鍋ごと揺すって全体を均一な色にする。火をやや弱めてさらに加熱し、しっかり濃い茶色になったら火を止め、水大さじ1をゆっくりと加える〈a〉。はねるので注意）。耐熱のゴムべらで手早く混ぜ、型に等分に流し入れてそのまま冷ます。

2 生地を作る。ボウルにクリームチーズを入れてゴムべらでやわらかくほぐし、グラニュー糖を加えて泡立て器で混ぜる。卵を1個ずつ加えてそのつどよく混ぜ、均一に混ざったら牛乳を少しずつ加え混ぜ、ざるで濾して1の型に等分に流し入れる〈b〉。

3 フライパンに高さ2cmほどの湯を沸かしていったん火を止め、フライパンの底にキッチンペーパーを敷いて2をのせる〈c〉。ふたをし、ごく弱火で15分ほど、ゆっくりと火を通す。表面がふるふるとしたら火を止め、ふたをしたまま5分ほど蒸らす。

4 取り出して粗熱をとり、冷蔵庫でひと晩冷やす。

5 ふちをスプーンなどで軽く押し、生地と型の間に空気を入れる。皿をかぶせ、逆さにしてふり、型からはずす。

a

b

c

塩キャラメルのパウンドケーキ

キャラメルは生地に混ぜ込むだけでなく、上にもたらして焼き上げます。
しっとりとした生地に、ときどき口に入る結晶塩が、最高のアクセント。
ウイスキーといっしょに楽しみたい焼き菓子です。

材料

16×7×高さ6cmのパウンド型1台分

[生地]
　バター（食塩不使用）—— 70g
　グラニュー糖 —— 45g
　溶き卵 —— 70g
　薄力粉 —— 70g

[キャラメル]
　グラニュー糖 —— 30g
　水 —— 小さじ2
　生クリーム —— 30ml

粗塩（結晶塩）—— 少々（0.5g）

下準備

・バターは室温においてやわらかくする。
・卵は室温にもどす。
・型にオーブンシートを敷く。
・オーブンは170℃に予熱する。

作り方

1 キャラメルを作る。耐熱容器に生クリームを入れ、ラップをかけずに電子レンジで20秒ほど温める。

2 小鍋に分量の水とグラニュー糖を入れ、中火にかける。薄い茶色になるまでさわらずに加熱し、色づいてきたら鍋ごと揺すって全体を均一な色にする。火をやや弱めてさらに加熱し、全体がキャラメル色になったらいったん火からおろし、1をゆっくりと加える。再び火にかけ、キャラメルが溶けるまで耐熱のゴムべらで混ぜながら加熱し、全体が混ざったら火からおろして粗熱をとる。

3 生地を作る。ボウルにバターを入れてゴムべらでやわらかくほぐし、グラニュー糖を加えて混ぜる。なじんだら泡立て器に持ち替え、白っぽくなるまですり混ぜる〈a〉。

4 3に溶き卵を4〜5回に分けて加え、そのつどよく混ぜる。全体がなじんだら薄力粉をふるい入れ、ゴムべらで底から返すように混ぜ、粉けがなくなったらさらに20回ほど混ぜる。2の半量を加えて混ぜる。

5 型に流し入れ、真ん中を薄く、両端に向かって厚くなるように生地をならし、残りの2をスプーンでのせる〈b〉。
＊キャラメルが冷めてかたまっていたら、火にかけてやわらかくする。あつあつをのせると生地がだれてしまうので注意。

6 結晶塩をふり、170℃のオーブンで30分ほど焼く。取り出して型からはずし、網にのせて冷ます。

a

b

ナッツのキャラメリゼ チョコレートコーティング

カリッと香ばしいナッツに、キャラメル＆チョコレートをまとわせて。
アペロにも、食後酒にも、あるとうれしい一品です。チョコレートは、
テンパリングのひと手間で、サテンのようなつやとなめらかさに。

材料

作りやすい分量

好みのナッツ（アーモンド、くるみ、マカダミアナッツ、
　　ヘーゼルナッツなど）……合わせて100g
グラニュー糖……30g
水……大さじ1
バター（食塩不使用）……5g
製菓用スイートチョコレート……100g

作り方

1. 鍋に分量の水とグラニュー糖を入れて中火にかける。グラニュー糖が溶けてぶくぶくと泡立ったら弱火にし、さらに1分、そのまま混ぜずに加熱する。

2. いったん火からおろし、ナッツを一度に加え混ぜ、全体にからめる（混ぜているうちにシロップが白くなり、ジャリッとして結晶化してくる。〈a〉）。

3. 再び弱めの中火にかけ、結晶化したグラニュー糖が溶け、キャラメル色になるまで混ぜる。煙が上がってパチパチと音がしてきたら、ひと粒取り出して半分に切り、中まで色づいているか確認する。火が通っていたら火を止め、バターを加えて混ぜる。

4. バットにオーブンシートを広げ、**3**をすぐに取り出す。熱いうちにひと粒ずつフォークでほぐして広げ〈b〉、冷めるまでおく（ナッツのキャラメリゼ）。

5. テンパリングをする。チョコレートは細かく刻んでボウルに入れ、湯せんにかけて溶かす。40～45℃になったら湯せんからはずし、底に水を張ったボウルを当て、ゴムべらで混ぜる。チョコレートが27～28℃まで冷めたら、再び湯せんにかけ、湯につけたりはずしたりをくり返し、31～32℃にする〈c〉。

6. すぐに**4**を加えてからめ、スプーンでひと口大にすくってオーブンシートの上に落とす〈d〉。かたまるまでそのままおく。

フルーツで呑む

大人のフルーツサンド

煮詰めて甘さを凝縮させたバルサミコ酢をたっぷりからめて
フルーツのみずみずしい味わいを引き立てます。
その分、ホイップクリームは甘さをごく控えめにしてバランスよく。

材料

3組分

食パン(8枚切り) —— 6枚
柿 —— 1/2個(100g)
いちじく —— 小4個(160g)
ぶどう(皮つきのまま食べられるもの。
　写真はシャインマスカット)
　　—— 9粒(130g)
バルサミコ酢 —— 大さじ3
グラニュー糖 —— 小さじ1/2

[**ホイップクリーム**]
　生クリーム —— 200ml
　グラニュー糖 —— 7g

作り方

1 小鍋にバルサミコ酢とグラニュー糖を入れて弱火にかけ、半量になるまで煮詰める。火からおろして冷ます。

2 ホイップクリームを作る。ボウルに生クリームとグラニュー糖を入れ、底に氷水を当てながら泡立て器で角が立つまで泡立てる(八分立て)。使うまで冷蔵庫に入れておく。

3 柿は縦半分に切って皮をむき、横5mm厚さに切る。いちじくとぶどうは皮つきのままよく洗って水けを拭く。

4 食パンの片面にそれぞれ**2**を薄く塗る。食パン1枚に柿をのせて広げ、**1**の1/3量をかける〈a〉。**2**を適量のせ、食パン1枚をクリームを塗った面を内側にして重ねる。同様にいちじく(まるごと)、ぶどうもサンドする。それぞれラップで包み、冷蔵庫で10分ほど休ませる。

5 十字に切り分けてラップをはずし、器に盛る。

a

ヨーグルトクリームのちいさなフルーツタルト

ちいさなタルトは、逆さにしたプリン型を使って焼き上げます。
カスタードクリームの代わりに、ギリシャヨーグルトなら手軽。
ハーブをまとわせたフルーツがさわやかで、軽やかなヨーグルトとも好相性です。

材料

底径5cmのプリン型8個分

[タルト生地（作りやすい分量・約16個分）]
- バター（食塩不使用）…… 50g
- グラニュー糖 …… 35g
- 溶き卵 …… 1/2個分（25g）
- 薄力粉 …… 100g
- アーモンドパウダー …… 25g

- ギリシャヨーグルト（水きりヨーグルト）
  …… 200g
- オレンジ …… 3個（正味200g）
- ディル …… 小1/3パック
- パイナップル …… 1/4個（正味200g）
- タイム（生）…… 1〜2枝
- 粗塩（結晶塩）…… 少々

下準備

- バターは室温においてやわらかくする。
- 天板にオーブンシートを敷く。

作り方

1. タルト生地を作る。ボウルにバターを入れてゴムべらでやわらかくほぐし、グラニュー糖を加えてなじませる。溶き卵を2〜3回に分けて少しずつ加え、そのつど泡立て器でよく混ぜる。

2. アーモンドパウダーを加え混ぜ、薄力粉をふるい入れてゴムべらで底から返すように混ぜる。粉けがなくなったらラップで包み、冷蔵庫で30分以上休ませる。
   * このうちの半量を使う。残りはラップで包み、保存袋に入れて冷凍で2〜3週間保存可能。使うときは冷蔵庫において自然解凍する。

3. オーブンを170℃に予熱する。打ち粉をふった台に**2**を取り出し、めん棒で1cm厚さにのばす。直径6.5cm程度の抜き型やコップで丸く（プリン型の底径よりひとまわり大きく）くりぬき、逆さにしたプリン型にかぶせ、ふちは型に沿わせて押さえる〈**a**〉。

4. 生地を上にしたまま天板に並べ、170℃のオーブンで10分ほど焼く。外側が薄いきつね色になったらプリン型をはずして生地をひっくり返し、内側も色づくまでさらに5分ほど焼く。取り出して、網にのせて冷ます〈**b**〉。

5. オレンジは包丁で薄皮ごと皮を削ぐようにむき、薄皮と実の間にV字に包丁を入れてひと房ずつ取り出し〈**c**〉、それぞれ3等分に切る。ちぎったディルと混ぜ合わせる。

6. パイナップルは皮と芯を除き、1.5cm角に切る。タイムは枝を除き、パイナップルと混ぜ合わせる。

7. **4**にギリシャヨーグルトを入れ、**5**または**6**をそれぞれこんもりとのせ、結晶塩をふる。

a

b

c

パリッと薄く焼くアップルパイ

薄焼きにするだけで、グンとつまみ感がアップ。そのまま食べるのはもちろん、焼きたてに有塩バターを溶かしたり、生ハムをのせて前菜風にしても！ワインは、りんごのかわいい赤色と合わせたロゼスパークリングをぜひ。

材料

25×30cmのもの1枚分

[**パート・ブリゼ**]
　薄力粉 —— 100g
　バター（食塩不使用）—— 60g
　塩 —— ひとつまみ(1g)
　冷水 —— 大さじ2

りんご（紅玉、ジャズなど酸味のある
　かための品種がおすすめ）—— 小1と1/2個(240g)
グラニュー糖 —— 20g
バター（食塩不使用、仕上げ用）—— 20g

下準備

・パート・ブリゼのバターは1cm角に、仕上げ用のバターは2～3mm角に切り、それぞれ冷蔵庫で冷やしておく。
・天板にオーブンシートを敷く。

呑みながら つまみたいお菓子 フルーツ

> 作り方

1 パート・ブリゼを作る。ボウルに薄力粉と塩、バターを入れ、カードでバターを細かく切るように粉と混ぜる〈a〉。バターの粒があずき大になったら分量の冷水を加え、カードで粉をすくうようにして、練らないように気をつけながら粉と水をなじませる。ひとまとめにし、ラップに包んで冷蔵庫で4～5時間（できればひと晩）休ませる。

2 打ち粉をした台に1を取り出し、軽くほぐしてからめん棒で25×30cmにのばし〈b〉、天板にのせる。オーブンを190℃に予熱する。

3 りんごは皮つきのままよく洗い、4等分に切って芯を切り落とし、横に薄切りにする。2の上に少しずつずらして並べる〈c〉。

4 りんごの上にグラニュー糖をまんべんなくふって仕上げ用のバターを散らし、190℃のオーブンで30分ほど、生地がこんがりと色づくまで焼く。食べやすく切る。

＊熱いうちに好みでバター（有塩）や生ハム（ともに分量外）をのせてもおいしい。

a

b

c

がっつりレモンのケーク シトロン

レモンの皮を砂糖とすり混ぜるひと手間で、格段に香りが際立ちます。
キュンと甘ずっぱい生地に、たっぷりのレモンウォッカアイシング。
レモンの酸味の後から、ウォッカのビターな味わいが追いかけてきます。

材料

直径15cmの底取れ丸型1台分

[**生地**]
  卵 …… 2個
  グラニュー糖 …… 80g
  バター（食塩不使用）…… 80g
  レモン(国産)の皮のすりおろし …… 1/2個分
  レモン汁 …… 大さじ2
  薄力粉 …… 100g

[**レモンウォッカアイシング**]
  粉砂糖 …… 100g
  レモン(国産)の皮のすりおろし …… 1/2個分
  レモン汁・ウォッカ …… 各大さじ1/2*

＊全量(大さじ1)をウォッカにしてもよい。

下準備

・バターは耐熱ボウルに入れ、湯せんにかけて溶かす（そのまま湯につけて温かい状態にしておく）。
・型にオーブンシートを敷く。
・オーブンは170℃に予熱する。

作り方

1 生地を作る。ボウルにレモンの皮とグラニュー糖を入れて泡立て器でぐるぐる混ぜ、香りを移す〈a〉。卵を加えてざっと混ぜ、湯せんにかけて人肌くらいまで温める。湯せんからはずし、ハンドミキサーの高速でしっかり泡立てる(羽根で生地をすくって落としたとき、跡が残るくらいが目安。〈b〉)。

2 溶かしたバターを加えてさっと混ぜ、レモン汁を加えて混ぜる。薄力粉をふるい入れ、ゴムべらで底から返すように混ぜる。

3 型に流し入れ、170℃のオーブンで35分ほど焼く。取り出して型からはずし、網にのせて冷ます。

4 レモンアイシングを作る。粉砂糖はボウルに入れる。台の上に粉砂糖を小さじ1ほど取り出してレモンの皮を合わせ、へらなどですりつぶすように混ぜ、香りを移す〈c〉。粉砂糖のボウルに加え、レモン汁とウォッカを少しずつ加えながらゴムべらで混ぜ、とろりと流れるくらいの状態にする。

5 3の真ん中に4をのせ、ゴムべらでそっと広げるようにして上面全体に広げ〈d〉、側面には自然にたらす。あれば上面にレモン(国産)の皮適量（分量外）をすりおろす。

洋酒香るフルーツグラタン

「ザバイオーネ」は、卵黄に砂糖を加えて温めながら泡立て、
洋酒を効かせたソース。洋梨、キウイ、グレープフルーツのほか
オレンジやバナナ、ぶどうなどやわらかい食感のくだものとよく合います。

[材料]

容量600㎖程度のグラタン皿1台分

[**ザバイオーネソース**]
　卵 …… 1個
　卵黄 …… 1個
　グラニュー糖 …… 25g
　白ワイン・コアントロー*
　　…… 各大さじ1〜2

洋梨 …… 1/2個(120g)
キウイ …… 1/2個(60g)
ピンクグレープフルーツ …… 1/2個(200g)
粉砂糖 …… 小さじ1〜2

*コアントローがなければ白ワイン大さじ2でも。また、白ワインの代わりに甘みのあるデザートワインや、ラム酒、グランマルニエを使ってもOK。

[下準備]

・オーブンは250℃に予熱する。

[作り方]

1 洋梨は皮をむいて芯をくりぬき、横1㎝幅に切る。キウイは皮をむいて1㎝幅に切る。グレープフルーツは包丁で薄皮ごと皮を削ぐようにむき、薄皮と実の間にV字に包丁を入れてひと房ずつ取り出す。グラタン皿に盛り合わせる。

2 ザバイオーネソースを作る。耐熱ボウルに卵と卵黄を入れて泡立て器でほぐし、グラニュー糖を加えてざっと混ぜ、湯せんにかけて人肌くらいまで温める。湯せんからはずし、ハンドミキサーの高速でもったりとするまで泡立てる〈a〉。とろみがついたら白ワイン、コアントローを少しずつ加え、混ぜ合わせる。

3 1に2をまわしかける〈b〉。茶こしで粉砂糖をふり、250℃のオーブンで3〜4分、表面に焦げ目がつくまで焼く。

a

b

呑みながら ── つまみたいお菓子　フルーツ

47

ハーブ・スパイスで呑む

塩とスパイスのクッキー

食感と組み合わせの妙を楽しむ、甘くないおつまみクッキー。
合わせるのは、ミネラル感のある辛口のスパークリングワインが気分です。
数種類を詰め合わせたクッキー缶は、手みやげにも喜ばれそう。

▷ 作り方はp.50

呑みながら ── つまみたいお菓子

ハーブ・スパイス

バジル＆ピンクペッパー

プレーン

七味＆ごま

山椒＆アーモンド

49

塩とスパイスのクッキー

仕上げにふった塩の粒が
食感と味わいのアクセント

プレーン

材料

3×6cmのもの約18枚分

バター（食塩不使用）……50g
グラニュー糖……10g
塩……小さじ1/4
牛乳……大さじ1
薄力粉……80g
粗塩（結晶塩）……ひとつまみ（1g）

下準備

・バターは室温においてやわらかくする。
・天板にオーブンシートを敷く。

作り方

1 ボウルにバターを入れてゴムべらでやわらかくほぐし、グラニュー糖と塩を加えてなじませる。泡立て器に持ち替え、白っぽくなるまですり混ぜる〈a〉。

2 牛乳を2～3回に分けて少しずつ加え混ぜ、なじんだら薄力粉をふるい入れる。ゴムべらで底から返しては切るように混ぜ、粉けがなくなり、まとまってきたら、ゴムべらで生地をボウルに押しつけるようにしてなじませる〈b〉。

3 ひとまとめにしてラップに包み、平らにならして冷蔵庫で30分ほど休ませる。

4 オーブンを150℃に予熱する。打ち粉をした台に **3** を取り出し、めん棒で3～4mm厚さにのばす。包丁で3×6cmに切り（厚紙で型紙を作り、当てながら切るとよい〈c〉。または好みの抜き型で抜いても）、天板に並べ、結晶塩をふる。

5 150℃のオーブンで20分ほど焼く。取り出して、網にのせて冷ます。

a

b

c

呑みながら つまみたいお菓子　ハーブ・スパイス

――アレンジアイデア

**山椒のさわやかな風味に
カリッとアーモンドの食感が◎**
山椒＆アーモンド

「塩とスパイスのクッキー プレーン」の作り方**2**で、薄力粉とともに粉山椒小さじ1/4をふるい入れる。アーモンド6粒を粗く刻み、作り方**4**で結晶塩の代わりにのせる。あとは同様に焼く。

**広がるバジルの風味と
ピンクペッパーの華やかな香り**
バジル＆ピンクペッパー

「塩とスパイスのクッキー プレーン」の作り方**2**で、薄力粉のあとにドライバジル小さじ1を加えて混ぜる。ピンクペッパー適量を指でつぶし、作り方**4**で結晶塩の代わりにのせる。あとは同様に焼く。

**ピリッとした七味と香ばしいごま、
和の組み合わせ**
七味＆ごま

「塩とスパイスのクッキー プレーン」の作り方**2**で、薄力粉とともに七味唐辛子小さじ1/2をふるい入れる。バットに黒いりごま20gを入れ、作り方**4**で3×6cmに切った生地を押しつけてまぶし、ごまをまぶした面を上にして天板にのせる。あとは同様に焼く。

ドライトマトとオレガノのクラッカー

かむほどにトマトのうまみとオレガノの香りが広がる、さくさくのクラッカー。
大きく焼いて、手で割ってめし上がれ。チーズをのせて食べても！
ほかに、クミンシードや黒こしょうで同様に作ってもおいしい。

[材料]

20cm角のもの1枚分

[生地]
- 薄力粉 —— 100g
- 塩 —— ひとつまみ（1g）
- グラニュー糖 —— 5g
- バター（食塩不使用）—— 50g
- 牛乳 —— 大さじ2

ドライトマト（細かく刻む）—— 大さじ1
ドライオレガノ —— 小さじ1/4

[下準備]

・天板にオーブンシートを敷く。

[作り方]

1. 薄力粉、塩、グラニュー糖を合わせてボウルにふるい入れ、バターを加えて粉をまぶしながらカードで細かく切るように混ぜる。バターの粒が小さくなったら両手の指先をすり合わせ、さらさらの状態にする〈a〉。ドライトマトとオレガノを加えて混ぜる。

2. 牛乳を全体にふり入れ、練らないようにさっくりとカードで全体をまとめる（まだポロポロしている状態でOK。〈b〉）。ラップに包んで平らにならし、冷蔵庫で1時間以上休ませる。

3. オーブンを190℃に予熱する。打ち粉をした台に**2**を取り出し、めん棒で3〜4mm厚さにのばす。天板にのせ、フォークで全体に穴をあける〈c〉。

4. 190℃のオーブンで15分ほど、全体がきつね色になるまで焼く。取り出して、網にのせて冷ます。

スパイシーキャロットケーキ

にんじんの自然な甘さにくるみのコク、そこに香り豊かな3種類のスパイスを
組み合わせて、奥行きのある大人の味わいに仕上げました。
お酒のおともには、手でつまみやすいスティック状にカットするのがおすすめ。

[材料]

20.5×16×深さ3cmのホーローバット1枚分

にんじん —— 1本(150g)
卵 —— 2個
きび砂糖 —— 70g
植物油(太白ごま油、サラダ油など) —— 80㎖
A ┌ 薄力粉 —— 150g
　├ ベーキングパウダー —— 小さじ1/2
　├ シナモンパウダー —— 小さじ1/2
　├ ナツメグパウダー —— 小さじ1/3
　└ クローブパウダー —— 小さじ1/4
くるみ —— 50g

[フロスティングクリーム]
　クリームチーズ —— 100g
　粉砂糖 —— 20g

[下準備]

・Aは合わせてふるう。
・くるみは粗く刻む。
・バットにオーブンシートを敷く。
・オーブンは180℃に予熱する。
・クリームチーズは室温にもどしてやわらかくする。

[作り方]

1 にんじんはチーズおろしや、しりしり器などで粗めにすりおろす〈a〉。

2 ボウルに卵を割りほぐし、きび砂糖を加えて泡立て器で混ぜる。砂糖が溶けたら油を少しずつ加えながら混ぜ合わせ、全体がなじんだら1を加えてゴムべらで混ぜる。

3 ふるったAとくるみを加え、底から返すようにして粉けがなくなるまで混ぜる。

4 バットに流し入れ〈b〉、180℃のオーブンで30分ほど焼く。取り出してオーブンシートごと網にのせ、冷ます。

5 フロスティングクリームを作る。ボウルにクリームチーズを入れてゴムべらでやわらかくほぐし、粉砂糖を加えて混ぜる。

6 4が冷めたら5を塗り広げ〈c〉、冷蔵庫で1時間ほど冷やす。スティック状に切って器に盛る。

a

b

c

カルダモン香るムース

とろりとやわらか、スーッと消える極上の舌ざわりのムース。
カルダモンがふわり、さわやかに香ります。

[材料]

容量150mlのグラス4個分

牛乳 —— 300ml
グラニュー糖 —— 20g
カルダモン(ホール) —— 5個
生クリーム —— 100ml
┌ 粉ゼラチン —— 小さじ1(3g)
└ 水 —— 大さじ1

[下準備]

・カルダモンはめん棒などでたたいて砕き〈a〉、香りを出しやすくする。
・分量の水に粉ゼラチンをふり入れ、ふやかす。

[作り方]

1 ボウルに生クリームを入れ、底に氷水を当てながら泡立て器で角が立つまで泡立てる(八分立て)。使うまで冷蔵庫で冷やしておく。

2 鍋に牛乳、グラニュー糖、カルダモンを入れて弱火にかけ、全体が2/3量(約200ml)になるまでときどき混ぜながら煮詰める。

3 火を止めてゼラチンを加え、混ぜながら余熱で溶かす。ざるで濾しながらボウルに移し、底に氷水を当てながら、とろみがつくまでゴムべらでゆっくり混ぜる〈b〉。

4 1を2〜3回に分けて少しずつ加え、さっくりと混ぜる。グラスに等分に流し入れ、冷蔵庫で1時間ほど冷やしかためる。

a

b

ベーコン&チリチーズのポップコーン

カリカリベーコンに、ピリッとスパイス&チーズ。
これは断然、ビールやレモンサワー、ハイボールなどシュワッとしたお酒と！

材料

作りやすい分量

ポップコーン用とうもろこし*(市販品)
　……乾燥 30g
植物油(太白ごま油、サラダ油など)
　……小さじ2
ベーコン …… 4〜5枚(50g)
チリパウダー …… 小さじ1/2
チェダーチーズ …… 50g
A[塩 …… 少々
　 チリパウダー …… 小さじ1/2

＊フライパンで炒るだけで、簡単に
ポップコーンが作れる。

下準備

・チェダーチーズはすりおろす。
・耐熱皿にキッチンペーパーを敷く。

作り方

1　ベーコンは1cm幅に切り、チリパウダーをまぶす。耐熱皿に広げ、ラップをかけずに電子レンジで2分加熱する。取り出してざっと混ぜ、再び耐熱皿に広げて電子レンジで1分加熱し、カリカリベーコンを作る。

2　直径26cm程度のフライパンに油を入れ、ポップコーン用とうもろこしを加えてざっと混ぜ、ふたをして中火にかける。ときどきフライパンを揺すりながら加熱し、ポンポンという音がしなくなったら火を止める。

3　2〜3分そのままおいてからふたをとり、Aをふって混ぜ、1も加えてざっと混ぜ合わせる。チェダーチーズを全体にふり入れ、ふたをして余熱でチーズを溶かす。チーズが溶けたらざっと混ぜて器に盛る。

バター・クリームで呑む

ラム酒香るレーズンバター

スイスメレンゲで作った
口溶けのよいバタークリームに、
芳醇なラムレーズン。ひと口分ずつ、
カラフルなワックスペーパーに包みました。
そのまま口に入れても、
クラッカーなどにのせてもよきつまみに。

好みのラム酒で漬けるラムレーズン

ラム酒は、カラメルのように甘くほろ苦い風味が特徴。お菓子作りには樽熟成させたダークラムがコクがあっておすすめ。私はフランスの「ネグリタ 44%」を愛用(愛飲)しています。

材料と作り方／作りやすい分量

1. レーズン100gは熱湯にさっとひたしてざるにあげ、キッチンペーパーで水けをよく拭く。
2. 1を清潔な保存容器に入れ、好みのラム酒をひたひたになるまで注ぎ、冷暗所にひと晩以上おく。
    * レーズンが完全にラム酒にひたっているようにする。冷蔵庫で長期保存できるが、1年くらいで食べきるのがおすすめ。

材料

作りやすい分量（約10個分、でき上がり130g）

ラムレーズン（右記参照）……50g
バター（食塩不使用）……50g
卵白……1個分
グラニュー糖……5g
塩……ひとつまみ(1g)

下準備

・バターは室温においてやわらかくする。
・ラムレーズンは汁けをきる。

作り方

1. ボウルにバターを入れ、ゴムべらでやわらかくほぐす。泡立て器に持ち替え、マヨネーズ状になるまで混ぜる。
2. 別のボウルに卵白を入れてハンドミキサーでほぐし、グラニュー糖と塩を加え、湯せんにかけながら高速で泡立てる。人肌くらいの温度になったら湯せんからはずしてさらに泡立て、しっかりとしたメレンゲを作る（スイスメレンゲ）。
3. 2が完全に冷めたら1に3〜4回に分けて加え〈a〉、そのつど泡立て器でぐるぐるとよく混ぜる。ラムレーズンも加えて混ぜる。
4. スプーンでひと口大ずつすくって、空気が入らないようにワックスペーパー（またはラップ）でしっかりと包み〈b〉、冷蔵庫で冷やしかためる。
    * p.22「チョコレートサラミ」のように、棒状に包んで冷やしかため、薄く切って食べてもよい。

a

b

焦がしバターのフィナンシェ

バターを焦がすことで、豊かな風味に香ばしさが加わります。
きつね色よりも濃いこげ茶色を目指して、しっかり加熱しましょう。
ロゼのスパークリングワインとともに、午後のひとときに。

材料

長径8cmのフィナンシェ型(オーバル) 5個分

バター(食塩不使用) —— 50g
卵白 —— 50g
グラニュー糖 —— 50g
水あめ —— 10g
アーモンドパウダー —— 20g
薄力粉 —— 25g

下準備

・型にバター(分量外)を薄く塗る。
・オーブンは200℃に予熱する。

作り方

1　小鍋にバターを入れて火にかけ、少し色づいてきたらスプーンでたえず混ぜながら焦がす〈a〉。しっかり濃い茶色になったら鍋底を水に当て〈b〉、これ以上熱が入らないようにし、落ち着いたら水からはずして温かい状態にしておく。

2　ボウルに卵白を入れ、グラニュー糖と水あめを加えて泡立て器で混ぜる。グラニュー糖と水あめが溶けたらアーモンドパウダーを加えて混ぜ、薄力粉をふるい入れて混ぜる。

3　2に1を少しずつ加え、泡立て器で混ぜる〈c〉。

4　型の七分目くらいまで流し入れ〈d〉、200℃のオーブンで10〜13分焼く。型からはずし、網にのせて冷ます。

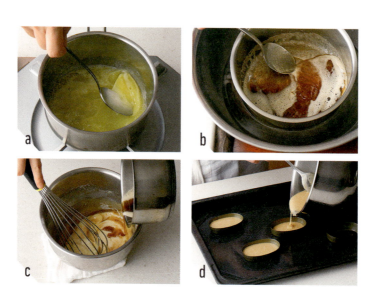

呑みながら――つまみたいお菓子 バター・クリーム

呑めるクリーム3種

火を使わずに作れるから、呑みながら「もうちょっとつまみたいな」と
いうときにもおすすめ。クッキーやクラッカーに、好きなだけのせてどうぞ。
少し塩けのあるプレッツェルと合わせるのもおすすめです。

バタークリーム

材料

作りやすい分量（でき上がり約100g）

バター（食塩不使用）…… 50g
卵黄 …… 1個
グラニュー糖 …… 20g
牛乳 …… 25㎖

作り方

1 バターはボウルに入れ、室温においてやわら
かくする。

2 耐熱ボウルに卵黄を入れて泡立て器でほぐ
し、グラニュー糖を加えて白っぽくなるまで
混ぜる。牛乳も加えて混ぜる。

3 2をラップをかけずに電子レンジで30秒加
熱し、いったん取り出して混ぜ、再び電子レ
ンジで15秒加熱する。取り出してハンドミ
キサーで全体がもったりとするまで混ぜる
（ボウルの底が完全に冷めるまで）。

4 1をゴムべらでやわらかくほぐし、泡立て器
でマヨネーズ状になるまで混ぜる。3を4～
5回に分けて加え、そのつどよく混ぜる。

モンブランクリーム

材料

作りやすい分量（でき上がり約70g）

マロンクリーム（加糖）…… 50g
生クリーム …… 大さじ1
ラム酒 …… 小さじ1

作り方

1 ボウルにマロンクリームを入れてゴムべらで
なめらかになるまで練る。生クリームを少し
ずつ加え混ぜ、ラム酒を加えて混ぜる。

ティラミスクリーム

材料

作りやすい分量（でき上がり約70g）

マスカルポーネチーズ …… 50g
グラニュー糖 …… 15g
生クリーム …… 大さじ1/2
ブランデー（またはラム酒、マルサラ酒）
…… 小さじ1

作り方

1 ボウルにマスカルポーネとグラニュー糖を入
れてゴムべらでなめらかになるまで練る。生
クリームを少しずつ加え混ぜ、ブランデーを
加えて混ぜる。

Column

バターさえあれば

リッチな味わいにミルキーな香り、深いコク。
バターがあれば、身近な食材がたちまちお酒に寄り添う粋なおつまみに！
たとえば、サンドイッチのように干し柿にはさんで。
薄く切ってアンチョビーとともにバゲットにのせれば、簡単ブルスケッタに。
禁断の"バターで呑む"楽しさに、きっとはまること間違いなし。

干し柿バター

干し柿はヘタと種を除いて薄切りにし、3mm厚さに切った冷たいバターをはさむ。バターは有塩でも、食塩不使用でもお好みで。発酵バターだと、なお風味豊か。

2

お酒を効かせた
ほろ酔いお菓子

お菓子自体にお酒をたっぷり使っているから、
ほおばると芳醇な香りが口いっぱいに広がります。
アペロのスターターや口直しにはもちろん、
食後のデザートにするのもおすすめ。
大人だけの、ぜいたくな味わいです。

カクテル気分で楽しむゼリー

お酒を効かせた、ふるふるやわらかな食感のゼリー。
そのまま食べてももちろんいいのですが、グラスに入れて炭酸水を注げば、
まるで食べるカクテルのよう！ 見た目も涼やかです。

モヒートゼリー

チャイナムーンゼリー

モヒートゼリー

モヒートはキューバ生まれのラムベースのカクテル。
清涼感のあるミントをたっぷり加えます。

材料

作りやすい分量（でき上がり約250㎖）

ホワイトラム —— 1/4カップ
グラニュー糖 —— 25g
水 —— 1カップ
ミントの葉（粗くちぎる）—— 1/2パック分
ライムの搾り汁 —— 大さじ1
┌ 粉ゼラチン —— 5g
└ 水 —— 大さじ1

作り方

1 粉ゼラチンは分量の水にふり入れてふやかす。

2 鍋に分量の水とグラニュー糖を入れて火にかけ、沸騰してグラニュー糖が溶けたら火を止める。1を加えて混ぜ、余熱で溶かし、ボウルに移す。

3 ボウルの底に氷水を当てながらゴムべらで混ぜ、粗熱がとれたらミントの葉、ホワイトラム、ライムの搾り汁を加え、とろみがつくまでゆっくり混ぜる〈a〉。ラップをかけて冷蔵庫で2時間ほど冷やしかためる。

4 3をスプーンで適量すくってグラスに入れ、炭酸水適量（分量外）を注ぐ。

チャイナムーンゼリー

ふくよかな香りの紹興酒を、炭酸水とレモンですっきりと。
月に見立てたレモンを、グラスのふちに飾ります。

材料

作りやすい分量（でき上がり約250㎖）

紹興酒 —— 1/4カップ
炭酸水 —— 1カップ
グラニュー糖 —— 20g
レモン汁 —— 大さじ1
┌ 粉ゼラチン —— 5g
└ 水 —— 大さじ2
レモン（くし形切り）—— 適量

作り方

1 粉ゼラチンは分量の水にふり入れてふやかす。

2 鍋に分量の炭酸水の1/4量とグラニュー糖を入れて火にかけ、沸騰してグラニュー糖が溶けたら火を止める。1を加えて混ぜ、余熱で溶かし、ボウルに移す。

3 ボウルの底に氷水を当てながらゴムべらで混ぜ、粗熱がとれたら紹興酒、レモン汁を加えて混ぜ、残りの炭酸水を加えてさっと混ぜる。炭酸が抜けないように表面にラップを密着させ、ボウルごとまわしながらとろみがつくまで冷やす。ラップをかけて冷蔵庫で2時間ほど冷やしかためる。

4 3をスプーンで適量すくってグラスに入れ、炭酸水適量（分量外）を注ぐ。レモンを飾る。

ミニトマトの白ワインゼリー

お酒の合間にあるとうれしい、サラダのようにさわやかな一品。
トマトは皮を湯むきして、口当たりよく仕上げましょう。

材料

作りやすい分量（でき上がり約500ml）

ミニトマト —— 1パック（150g）
白ワイン —— 3/4カップ
A ┌ 水 —— 3/4カップ
  │ グラニュー糖 —— 60g
  │ レモン（国産）の皮（薄くむく）
  └   —— 1/2個分
┌ 粉ゼラチン —— 5g
└ 水 —— 大さじ2

作り方

1 粉ゼラチンは分量の水にふり入れてふやかす。

2 ミニトマトはヘタを除き、熱湯にさっとつけて冷水にとり、皮をむく。水けを拭き、ボウルに入れる。

3 鍋にAを入れて火にかけ、沸騰してグラニュー糖が溶けたら火を止める。1を加えて混ぜ、余熱で溶かし、ざるで濾しながら2のボウルに入れる〈a〉。

4 ボウルの底に氷水を当てながらゴムべらで混ぜ、粗熱がとれたら白ワインを加えてとろみがつくまでゆっくり混ぜる。ラップをかけて冷蔵庫で3時間以上冷やしかためる。

5 4をスプーンで適量すくって器に盛る。

ラム酒を好きなだけかけて食べるコーヒーゼリー

ゼリー自体はお酒を加えずビターに仕上げて、後がけでラム酒をたっぷりと。
ラム酒のほか、ブランデーやアイリッシュウイスキーでもいいですね。

材料

容量200mlのグラス3個分

- コーヒー豆（挽いたもの）…… 30g
- 熱湯 …… 330ml
- グラニュー糖 …… 20g
- 粉ゼラチン …… 5g
- 水 …… 大さじ2
- 生クリーム・ラム酒 …… 各適量

作り方

1 粉ゼラチンは分量の水にふり入れてふやかす。

2 分量のコーヒー豆と湯で濃いめのコーヒーをいれる（でき上がり250ml）。

3 **2**をボウルに入れ、温かいうちにグラニュー糖と**1**を加えて混ぜ、余熱で溶かす。ボウルの底に氷水を当てながらゴムべらでゆっくり混ぜ、とろみがついたらグラスに注ぎ、冷蔵庫で1時間以上冷やしかためる。

4 生クリームとラム酒を好きなだけかける。

お酒を効かせた ほろ酔いお菓子

お酒を効かせた ほろ酔いお菓子

黒ビールとチョコレートのケーキ

深いコクのある黒ビールを、焼きたてにたっぷりしみ込ませます。
グッと甘さをおさえた生地に、黒ビールのほろ苦さも感じられる、
まさに大人のブラウニー。しっとり、どっしりの新食感です。

材料

20.5×16×深さ3cmのホーローバット1枚分

- バター（食塩不使用）——75g
- グラニュー糖——60g
- 溶き卵——70g
- ┌ 薄力粉——75g
- │ ベーキングパウダー——小さじ1/4
- └ シナモンパウダー——小さじ1/4
- 製菓用スイートチョコレート——50g
- 黒ビール（ギネスビールなど）——3/4カップ

下準備

- バターは室温においてやわらかくする。
- チョコレートは細かく刻んで耐熱容器に入れ、湯せんにかけて溶かす。
- 粉類は合わせてふるう。
- バットにオーブンシートを敷く。
- オーブンは170℃に予熱する。

作り方

1. ボウルにバターを入れてゴムべらでやわらかくほぐし、グラニュー糖を加えてなじませる。泡立て器に持ち替え、白っぽくなるまですり混ぜる。溶き卵を4〜5回に分けて少しずつ加え、そのつどよく混ぜる。
2. 溶かしたチョコレートを加えて泡立て器で混ぜる〈a〉。
3. ふるった粉類を加え、ゴムべらで粉けがなくなるまで底から返すように混ぜる。バットに流し入れて表面を平らにならし、170℃のオーブンで20分ほど焼く。
4. 取り出してすぐに黒ビールを少しずつまわしかけ〈b〉、生地全体にしみ込ませる。バットのまま冷まし、粗熱がとれたら冷蔵庫で冷やす（できればひと晩寝かせると、味がなじんでおいしい）。

a

b

ブランデーケーキ

きめ細かな生地にブランデーをしみ渡らせ、しっとりふわふわに。
締めのデザートにと思いつつ、ついもう1杯お酒が恋しくなる味わいです。
作りたてはもちろん、1〜2日おいてまろやかになったころも美味。

材料

18×8.5×高さ6cmのパウンド型1台分

- 卵 …… 2個
- グラニュー糖 …… 70g
- A ┌ 強力粉 …… 35g
　　├ 薄力粉 …… 35g
　　├ バター（食塩不使用）…… 15g
　　└ 植物油（太白ごま油、サラダ油など）
　　　…… 大さじ1
- ブランデー …… 大さじ1＋大さじ2〜3

下準備

・Aのバターは小さな耐熱ボウルに入れ、湯せんにかけて溶かし、植物油と混ぜ合わせる（そのまま湯につけて温かい状態にしておく）。
・粉類は合わせてふるう。
・型にオーブンシートを敷く。
・オーブンは170℃に予熱する。

作り方

1. 卵は卵白と卵黄に分ける。ボウルに卵白を入れ、グラニュー糖を3回に分けて少しずつ加え、そのつどハンドミキサーの高速で泡立て、しっかりとしたメレンゲを作る。卵黄を加えてさっと混ぜる〈a〉。

2. ふるった粉類を加え、ゴムべらで粉けがなくなるまで底から返すように混ぜる。Aを加えて混ぜ、なじんだらブランデー大さじ1を加えて、つやが出るまで50回ほど同様に混ぜる〈b〉。

3. 型に流し入れ、表面を平らにならして170℃のオーブンで30分ほど焼く。

4. 型から取り出し、ひっくり返してオーブンシートをはがして網にのせ、はけでブランデー大さじ2〜3を全体に塗る〈c〉。ラップでぴったりと覆って冷ます（できればひと晩寝かせると、味がなじんでおいしい）。

a

b

c

2つのクリームで味わうババ

ブリオッシュを、たっぷりのラムシロップにひたしたババ。
ひと口ほおばれば、ジュワッと芳醇な香りが広がります。
甘さ控えめのホイップはもちろん、ほろ苦いコーヒークリームも後を引きます。

材料

各2個分

ブリオッシュ(市販品) —— 4個

[**ラムシロップ**]
　グラニュー糖 —— 50g
　水 —— 1/2カップ
　ラム酒 —— 大さじ2

[**ホイップクリーム**]
　生クリーム —— 40㎖
　グラニュー糖 —— 2g

[**コーヒークリーム**]
　生クリーム —— 40㎖
　グラニュー糖 —— 2g
　┌ インスタントコーヒー(顆粒)
　│ 　—— 小さじ1/2
　└ 湯 —— 小さじ1/2

さくらんぼ(缶詰) —— 適量

作り方

1 ラムシロップを作る。小鍋にグラニュー糖と分量の水を入れて火にかける。沸騰してグラニュー糖が溶けたら火からおろし、冷めたらラム酒を加えて混ぜる。

2 ブリオッシュは頭の部分を横に切り、土台の中央部分を3cmほどくりぬく。バットに並べ、**1**を全体にまわしかけ〈a〉、ラップをかけて冷蔵庫で2〜3時間(できればひと晩)おく。

3 ホイップクリームを作る。生クリームとグラニュー糖をボウルに入れ、底に氷水を当てながら泡立て器で角が立つまで泡立てる(八分立て)。コーヒークリームは、インスタントコーヒーを分量の湯で溶き、生クリーム、グラニュー糖とともにボウルに入れ、同様に泡立てる。

4 **2**のブリオッシュのくりぬいた部分に**3**をそれぞれ詰め、上にもこんもりと盛り、頭の部分をのせる。好みでさくらんぼを飾る。

a

ホイップクリーム

お酒を効かせた
ほろ酔いお菓子

コーヒークリーム

お酒を効かせたほろ酔いお菓子

大人のフルーツポンチ

ウォッカを加えた、カクテルのようなフルーツポンチ。
ジンジャーエールがスパイシーで、すっきりと大人っぽい後味です。
ピンク〜パープル系のくだもので、シックにまとめました。

材料

容量1.2ℓの器1台分

クランベリージュース —— 1カップ
ジンジャーエール(辛口) —— 1カップ
ウォッカ(またはジン、ラム酒など
　好みの酒でもよい) —— 大さじ3〜
ぶどう(巨峰) —— 10粒(100g)
いちじく —— 2個(120g)
桃 —— 1個(200g)
プラム —— 1個(120g)

作り方

1　ぶどう、いちじく、プラムはよく洗い、気になる場合は皮をむく。桃は皮をむく。すべてのフルーツをぶどうと同じくらいの大きさに切る。

2　器にクランベリージュースとジンジャーエールを注ぎ、**1**を加えてざっと混ぜ、ウォッカを注ぐ。

スパイスティーとドライフルーツのグラニテ
▷ 作り方はp.80

3

締めにうれしい
フローズンスイーツ

お酒を楽しんだ後に、ちょっとだけ食べたくなるのが
さっぱりした味わいの冷たいお菓子。
お酒でほてった体を、心地よくクールダウンしてくれます。

締めにうれしい フローズンスイーツ

黒こしょうバニラアイスクリーム
▷ 作り方はp.81

スパイスティーと
ドライフルーツのグラニテ

口中をさっぱりさせてくれる、食後にうれしい紅茶のグラニテ。
ドライフルーツの濃縮された甘みと、シナモン＆クローブのエキゾチックな香りが、
独特のコクがあるアッサムティーによく合います。

材料

作りやすい分量（でき上がり約300㎖）

好みのドライフルーツ（レーズン、
　ドライいちじく、ドライアプリコット、
　クランベリーなど）……合わせて50g
紅茶の茶葉（アッサムがおすすめ）……6g
グラニュー糖……30g
A ┌ 水……2カップ
　├ シナモンスティック……1本
　└ クローブ（ホール）……3粒

作り方

1. 鍋に湯を沸かし、ドライフルーツを入れてさっとくぐらせ、ざるにあげて水けをきる。粗熱をとって大きなものは食べやすく切り、ボウルに入れる。

2. 鍋にAを合わせて中火にかけ、沸騰したら紅茶の茶葉を加えて火を止め、ふたをして4〜5分蒸らす。ざるで濾して1のボウルに入れ〈a〉、グラニュー糖を加えて混ぜ、完全に冷めるまで室温におく。

3. バットに流し入れ、ラップをかけて冷凍庫でかたまるまで冷やす。

4. 冷凍庫から出し、少し室温においてからフォークなどでかいてシャーベット状にし〈b〉、器に盛る。

a

b

締めにうれしい フローズンスイーツ

黒こしょうバニラアイスクリーム

甘いと見せかけて、ピリッとスパイシーな黒こしょうの刺激！
黒こしょうは、できればホールをびんの底などでつぶして使うと
香りが際立ち、余韻も長く続きます。

材料

作りやすい分量（でき上がり約450mℓ）

牛乳 …… 1カップ
バニラビーンズ* …… 5cm
卵黄 …… 2個
グラニュー糖 …… 50g
生クリーム …… 1/2カップ
粗びき黒こしょう …… 小さじ1

* バニラビーンズがない場合は、バニラエッセンス2〜3滴でもよい。その場合は作り方6で黒こしょうとともに加える。

作り方

1 バニラビーンズは種をしごき出し、さやごと牛乳とともに鍋に入れて火にかけ、沸騰直前まで温める。

2 ボウルに卵黄を入れて泡立て器でほぐし、グラニュー糖を加え、白っぽくなるまですり混ぜる。

3 2に1を少しずつ加えて混ぜる。ざるで濾して鍋に移し、弱火にかけ、耐熱のゴムべらでたえず液体が動くように混ぜる〈a〉。

4 白い泡が消え、ゆるいとろみがついたら〈b〉ボウルに移し、底に氷水を当てて冷ます。

5 別のボウルに生クリームを入れ、底に氷水を当てながら泡立て器で角が立つまで泡立てる（八分立て）。

6 5に4を加えて泡立て器でさっくり混ぜ、黒こしょうも加えて混ぜる。ラップをかけ、冷凍庫で冷やす。

7 6がかたまったら取り出し、しばらく室温においてやわらかくする（ふちが少し溶けるくらいまで）。ハンドミキサーで混ぜてなめらかにし〈c〉、再び冷凍庫で冷やしかためる。これを2〜3回くり返す。ディッシャーなどですくって器に盛る。

a

b

c

半解凍で食べるクレマ・カタラーナ

濃厚なカスタードは、表面をバーナーであぶってキャラメリゼ。
ここからさらに凍らせて、パリッ、シャリッとした食感に。

[材料]

容量200mlの耐熱皿2個分

牛乳 —— 1カップ
卵黄 —— 2個
グラニュー糖 —— 15g
コーンスターチ —— 8g
シナモンスティック —— 1本
レモン(国産)の皮(薄くむく)
　—— 1/2個分
グラニュー糖 —— 15g

[作り方]

1 鍋に牛乳、シナモンスティック、レモンの皮を入れて火にかけ、ふちがふつふつとしてきたら火を止める。ふたをして5分ほどおく。

2 ボウルに卵黄を入れて泡立て器でほぐし、グラニュー糖を加えて白っぽくなるまですり混ぜる。コーンスターチを加えて混ぜる。

3 2に1を加えて混ぜ、なじんだらざるで濾し、鍋に戻し入れる。弱火にかけ、ゴムべらでたえず混ぜながらとろみをつける。ボウルに移し、底に氷水を当てながら冷やす。

4 耐熱皿に3を流し入れて表面を平らにならし、グラニュー糖をふってバーナーであぶり、焦げ目をつける〈a〉。冷凍庫で1時間ほど冷やしかためる。

キャラメルナッツのセミフレッド

取り出して混ぜる手間がなく、アイスクリームより手軽です。
ほろ苦いキャラメルナッツたっぷり、リッチながら軽い口溶け。

[材料]

16×7×高さ6cmのパウンド型1台分

生クリーム —— 100ml
卵 —— 1個
卵黄 —— 1個
グラニュー糖 —— 30g
ナッツのキャラメリゼ(→p.36)
　—— 50g

[下準備]

・型にオーブンシートを敷く。

[作り方]

1 ナッツのキャラメリゼは粗く刻む。

2 ボウルに生クリームを入れ、底に氷水を当てながら泡立て器で角が立つまで泡立てる(八分立て)。使うまで冷蔵庫に入れておく。

3 別のボウルに全卵と卵黄を入れて泡立て器でほぐし、グラニュー糖を加えて湯せんにかけながら混ぜ、人肌くらいまで温める。湯せんからはずし、ハンドミキサーの高速でしっかり泡立てる(羽根で生地をすくって落としたとき、筋になって跡が残るくらいが目安。p.45の〈b〉参照)。

4 2に3の半量を加えて泡立て器で混ぜ、生クリームの筋が見えなくなったら残りの3と1を加えて混ぜる。型に流し入れて表面を平らにならし〈a〉、ラップで包んで冷凍庫で6〜7時間、冷やしかためる。食べやすく切って器に盛る。

締めにうれしい ― フローズンスイーツ

83

お酒にひたして食べるフローズンフルーツバー

砕いた氷を加えて、シャクシャクとした食感に仕上げます。
炭酸水で割った焼酎にひたし、くずしながら飲めばフルーツサワーに！
もちろんシャンパンやジンソーダなどでも。好みのお酒で試してみてください。

締めにうれしい

フローズンスイーツ

材料

容量70mlのアイスキャンディ型6個分

好みの冷凍フルーツ(マンゴー、パイナップル、ブルーベリー、
　グレープフルーツ、みかん、ぶどうなど) ―― 合わせて200g
水 ―― 3/4カップ
グラニュー糖 ―― 30g
氷 ―― 100g
好みの酒(焼酎やジンのソーダ割り、シャンパンなどがおすすめ)
　―― 適量

* 氷を砕けるミキサーまたはブレンダーを使用する。ない場合は、水1/2カップを保存袋に入れ、なるべく平らにして冷凍して薄い氷を作り、袋の上からめん棒などでたたいて細かく砕く。クラッシュアイスを使用してもよい。

作り方

1　小鍋に分量の水とグラニュー糖を入れて火にかけ、グラニュー糖を混ぜ溶かし、沸騰したら火を止める。粗熱をとり、冷蔵庫で冷やす。

2　冷凍フルーツは大きいものは1cm角に切り、ボウルに入れてざっと混ぜ、冷凍庫に入れておく。

3　氷は細かく砕き*、冷凍庫で再び30分ほど冷やす(溶けやすいため)。2のボウルに加えてざっと混ぜ、型に入る分だけ詰める。

4　1のシロップを等分に注ぎ〈a〉、残りの3もすべて型に詰め(シロップを注ぐとフルーツが沈んですき間ができる)、スティックをさして冷凍庫で3時間以上冷やしかためる。

5　型からはずし、お酒にひたしながらいただく。

a

この本で使った型

a. アイスキャンディ型
容量70mlのアイスキャンディが6個作れる型。付属のスティックをさして使う。本書ではお酒にひたして食べるフローズンフルーツバー(→p.84)に使用。

b. 16cmパウンド型
内寸16×7×高さ6cmの小ぶりなパウンド型は、濃厚チーズテリーヌ(→p.8)やとろけるチョコレートテリーヌ(→p.20)、塩キャラメルのパウンドケーキ(→p.34)、キャラメルナッツのセミフレッド(→p.82)など、どっしり感があり、少しずつつまみたいお菓子向き。

c. 18cmパウンド型
18×8.5×高さ6cmのパウンド型は、ふんわり仕上げたいブランデーケーキ(→p.72)に使用。

d. ホーローバット(小)
写真は野田琺瑯の手札サイズ(15.5×12.5×深さ2.6cm)。ピリッと辛い生チョコレート(→p.26)を冷やしかためるのに使用。

e. ホーローバット(大)
オーブン調理ができるホーローバットは、焼き菓子にも使用できる。写真は野田琺瑯のキャビネサイズ(20.5×16×深さ3cm)。本書では、甘さをおさえたチョコレートロールケーキ(→p.24)、スパイシーキャロットケーキ(→p.54)、黒ビールとチョコレートのケーキ(→p.70)にこのサイズを使用。

f. 直径15cm丸型
底取れタイプが便利。ゴルゴンゾーラといちじくのチーズケーキ(→p.10)、がっつりレモンのケークシトロン(→p.44)に。

g. プリン型(底径5cm)
ヨーグルトクリームのちいさなフルーツタルト(→p.40)のタルト生地は、このプリン型を逆さにし、かぶせて焼成。

h. プリン型(スリム)
カラメルをぎりぎりまで焦がしたビターなプリン(→p.32)に使用。写真は広径5.5cm×高さ5.5cm、容量110mlのもの。同じ容量でもスリムな型を選ぶと、背が高く美しい仕上がりになる。

i. フィナンシェ型(オーバル)
オーバルタイプ、長径8cm、容量50mlのもの。焦がしバターのフィナンシェ(→p.60)に使用。

オーブンシートの敷き方

◎パウンド型の場合

1 オーブンシートを型よりひとまわり大きく切って型をのせ、えんぴつなどでふちに沿って線を描く。

2 1を裏返し、描いた線の少し内側を折る。折り筋に沿って4か所切り込みを入れる。

3 切り込みを入れた部分を重ねるようにして型に敷き込む。

◎バットの場合

1 オーブンシートをバットよりひとまわり大きく切ってバットをのせ、えんぴつなどでふちに沿って線を描く。

2 1を裏返し、描いた線の少し内側を折る。四隅に斜めに切り込みを入れる。

3 バットに敷き込む。

◎丸型の場合

1 底面用に、オーブンシートを底板よりひとまわり大きく切る。底板をのせ、えんぴつなどでふちに沿って線を描き、線に沿って切りとる。型の底に敷き込む。

2 側面には、オーブンシートを型の高さより5mmほど高くなるように帯状に切って敷き込む（型から浮いてこないように、バターや油を少量塗るか、生地の一部をのり代わりにして型と密着させるとよい）。

87

荻田尚子
Hisako Ogita

菓子研究家。大学卒業後、エコール 辻 東京（旧エコール・キュリネール国立辻製菓子専門カレッジ）に学ぶ。東京・青山のフランス菓子店「シャンドン」に2年間勤務したのち、料理研究家・石原洋子氏のアシスタントを務め、同時に東京・世田谷区の洋菓子店でもパティシエとして腕をふるう。誰にでもわかりやすく、失敗なく作れるレシピでありながら、本格的な味わいのお菓子に定評がある。『魔法のケーキ』（小社）ほか著書多数。「ようかんでも呑める！」というほどのお酒＆甘いもの好き。

Instagram @hisakoogita

呑めるお菓子

著　者　荻田尚子
編集人　足立昭子
発行人　殿塚郁夫
発行所　株式会社主婦と生活社
　　　　〒104-8357　東京都中央区京橋3-5-7
　　　　☎03-3563-5321（編集部）
　　　　☎03-3563-5121（販売部）
　　　　☎03-3563-5125（生産部）
　　　　https://www.shufu.co.jp
　　　　ryourinohon@mb.shufu.co.jp
製版所　東京カラーフォト・プロセス株式会社
印刷所　TOPPANクロレ株式会社
製本所　株式会社若林製本工場
ISBN978-4-391-16392-6

アートディレクション・デザイン
小橋太郎（Yep）

撮影
福田喜一

スタイリング
池水陽子

調理アシスタント
高橋玲子
三好弥生

校閲
滄流社

取材・編集
山村奈央子

撮影協力
UTUWA ☎03-6447-0070

落丁・乱丁の場合はお取り替えいたします。お買い求めの書店か、小社生産部までお申し出ください。
Ⓡ本書を無断で複写複製（電子化を含む）することは、著作権法上の例外を除き、禁じられています。
本書をコピーされる場合は、事前に日本複製権センター（JRRC）の許諾を受けてください。
また、本書を代行業者等の第三者に依頼してスキャンやデジタル化をすることは、
たとえ個人や家庭内の利用であっても一切認められておりません。
JRRC (https://jrrc.or.jp　Eメール：jrrc_info@jrrc.or.jp　☎03-6809-1281)

©HISAKO OGITA 2024　Printed in Japan

お送りいただいた個人情報は、今後の編集企画の参考としてのみ使用し、他の目的には使用いたしません。
詳しくは当社のプライバシーポリシー（https://www.shufu.co.jp/privacy/）をご覧ください。